SCÈNE CINQUIÈME.

CATARINA, restée seule.

Cette porte...

Elle va à la porte.

— Oh! je l'entends qui la referme au verrou!

Elle va à la fenêtre.

— Cette fenêtre...

Elle regarde.

— Oh! que c'est haut!

Elle tombe sur un fauteuil.

— Mourir! Oh mon Dieu! c'est une idée qui est bien terrible quand elle vient vous saisir ainsi tout à coup au moment où l'on ne s'y attend pas! N'avoir plus qu'une heure à vivre et se dire : Je n'ai plus qu'une heure! Oh! il faut que ces choses-là vous arrivent à vous-même pour savoir jusqu'à quel point c'est horrible! J'ai les membres brisés. Je suis mal sur ce fauteuil.

Elle se lève.

— Mon lit me reposerait mieux, je crois. Si je pouvais avoir un instant de trève!

Elle va à son lit.

— Un instant de repos!

Elle tire le rideau et recule avec terreur. A la place du lit il y a un billot couvert d'un drap noir et une hache.

— Ciel! qu'est-ce que je vois là? Oh! c'est épouvantable!

Elle referme le rideau avec un mouvement convulsif.

— Oh! je ne veux plus voir cela! Oh mon Dieu! c'est pour moi, cela! Oh mon Dieu! je suis seule avec cela ici!

Elle se traîne jusqu'au fauteuil.

— Derrière moi! c'est derrière moi! Oh! je n'ose plus tourner la tête. Grâce! Grâce! Ah! vous voyez bien que ce n'est pas un rêve, et que c'est bien réel ce qui se passe ici, puisque voilà des choses là derrière le rideau!

La petite porte du fond s'ouvre. On voit paraîre Rodolfo.

SCÈNE SIXIÈME.

CATARINA, RODOLFO.

CATARINA, à part.

Ciel ! Rodolfo !

RODOLFO, accourant.

Oui, Catarina ! c'est moi. Moi pour un instant. Tu es seule. Quel bonheur !... — Eh bien ! tu es toute pâle? Tu as l'air troublé?

CATARINA.

Je le crois bien. Les imprudences que vous faites. Venir ici en plein jour à présent !

RODOLFO.

Ah ! c'est que j'étais trop inquiet. Je n'ai pas pu y tenir.

CATARINA.

Hé bien! vous voilà rassuré maintenant. Allez-vous-en, tout de suite, je vous en prie!

RODOLFO.

Je ne m'en irai pas. Je suis inquiet, te dis-je. J'ai une question à te faire. Je veux savoir si rien n'a éclaté sur toi. Eh bien! je risque ma vie, cela m'est égal.

CATARINA.

Comment êtes-vous entré?

RODOLFO.

La clef que tu m'as remise toi-même.

CATARINA.

Je sais bien, mais dans le palais?

RODOLFO.

Ah! voilà précisément une des choses qui m'inquiètent. Je suis entré aisément, mais je ne sortirai pas de même.

Catarina.

Inquiète de quoi?

Rodolfo.

Je vais vous dire, ma Catarina bien-aimée. Ah! vraiment, je suis bien heureux de vous trouver aussi tranquille!

CATARINA.

Comment?

RODOLFO.

Le capitaine-grand m'a prévenu à la porte du palais que personne n'en sortirait avant la nuit.

CATARINA.

Personne avant la nuit!

A part.

— Pas d'évasion possible! O Dieu!

RODOLFO.

Il y a des sbires en travers de tous les passages. Le palais est gardé comme une prison. J'ai réussi à me glisser dans la grande galerie, et je suis venu. Vraiment! tu me jures qu'il ne se passe rien ici?

CATARINA.

Non. Rien. Rien, sois tranquille, mon Rodolfo. Tout est comme à l'ordinaire ici. Regarde. Tu vois bien qu'il n'y a rien de dérangé dans cette chambre, Mais va-t'en vite. Je tremble que le podesta ne rentre.

RODOLFO.

Non. Catarina, ne crains rien de ce côté. Le podesta est en ce moment sur le pont Molino, là en bas. Il interroge des gens qu'on vient d'arrêter. Oh! j'étais inquiet, Catarina! Tout a un air étrange aujourd'hui, la ville comme le palais. Des bandes d'archers et de [illegible] vénitiens parcourent les rues. L'église Saint-Antoine est tendue de noir, et l'on y chante l'office des morts. Pour qui? On l'ignore. Le savez-vous?

CATARINA.

Non.

RODOLFO.

Je n'ai pu pénétrer dans l'église. La ville est frappée de stupeur. Tout le monde parle bas. Il se passe à coup sûr une chose terrible quelque part. Où? Je ne sais. Ce n'est pas ici. C'est tout ce qu'il me faut. Pauvre amie, tu ne te doutes pas de tout cela dans ta solitude.

CATARINA.

Non.

RODOLFO.

Que nous importe au reste! Dis, es-tu remise de l'émotion de cette nuit? Oh! quel événement! Je n'y comprends rien encore. Catarina! je t'ai délivrée de ce sbire Homodei. Il ne te fera plus de mal.

CATARINA.

Tu crois?

RODOLFO.

Il est mort. Catarina! tiens, décidément tu as quelque chose! tu as l'air triste! Catarina! tu ne me caches rien? Il ne t'arrive rien au moins? Oh! c'est qu'on aurait ma vie avant la tienne!

CATARINA.

Non, il n'y a rien. Je te jure qu'il n'y a rien. Seulement je te voudrais dehors! Je suis effrayée pour toi.

RODOLFO.

Que faisais-tu quand je suis entré?

CATARINA.

Ah mon Dieu! tranquillisez-vous, mon Rodolfo, je n'étais pas triste, bien au contraire. J'essayais de me rappeler cet air que vous chantez si bien. Tenez, vous voyez, j'ai encore là ma guitare.

RODOLFO.

Je t'ai écrit ce matin. J'ai rencontré Reginella à qui j'ai remis la lettre. La lettre n'a pas été interceptée? Elle t'est bien arrivée?

CATARINA.

La lettre m'est si bien arrivée que la voilà.

RODOLFO.

Ah! tu l'as. C'est bien. On est toujours inquiet quand on écrit.

CATARINA.

Oh! toutes les issues de ce palais gardées! Personne ne sortira avant la nuit!

RODOLFO.

Personne. Je l'ai déjà dit. C'est l'ordre.

CATARINA.

Allons! maintenant, vous m'avez parlé, vous m'avez vue, vous êtes rassuré, vous voyez que si la ville est en rumeur, tout est tranquille ici, partez, mon Rodolfo, au nom du Ciel! Si le podesta entrait! Vite! partez. Puisque tu es obligé de rester dans ce palais jusqu'au soir, voyons, je vais te fermer moi-même ton manteau. Comme cela. Ton chapeau sur ta tête. Et puis devant les sbires, aie l'air naturel, à ton aise, pas d'affectation à les éviter, pas de précaution. La précaution dénonce. Et puis, si l'on voulait te faire écrire quelque chose par hasard, un espion, quelqu'un qui te tendrait un piége, ~~dis que tu as mal à la main;~~ trouve un prétexte, n'écris pas!

RODOLFO.

Pourquoi cette recommandation, Catarina?

CATARINA.

Pourquoi? Je ne veux pas qu'on voie ton écriture, moi. C'est une idée que j'ai. Mon ami, vous savez bien que les femmes ont des idées. Je te remercie d'être venu, d'être entré, d'être resté, j'ai eu la joie de te voir! Là, tu vois bien que je suis tranquille, gaie, contente, que j'ai ma guitare là et ta lettre, maintenant, va-t'en vite. Je veux que tu t'en ailles. — Encore un mot seulement.

RODOLFO.

Quoi?

CATARINA.

Rodolfo, vous savez que je ne vous ai jamais rien accordé, tu le sais bien, toi!

RODOLFO.

Eh bien?

CATARINA.

Aujourd'hui c'est moi qui vais te demander. Rodolfo! un baiser!

RODOLFO, la serrant dans ses bras.

Oh! c'est le ciel!

CATARINA.

Je le vois qui s'ouvre!

RODOLFO.

O bonheur!

CATARINA.

Tu es heureux?

RODOLFO.

Oui!

CATARINA.

A présent sors, mon Rodolfo!

RODOLFO.

Merci!

CATARINA.

Adieu! — Rodolfo!

Rodolfo, qui est à la porte, s'arrête.

— Je t'aime!

Rodolfo sort.

SCÈNE SEPTIÈME.

CATARINA, seule.

Fuir avec lui! Oh! j'y ai songé un moment! Oh Dieu! fuir avec lui! impossible. Je l'aurais perdu inutilement. Oh! pourvu qu'il ne lui arrive rien! Pourvu que les sbires ne l'arrêtent pas! Pourvu qu'on le laisse sortir ce soir! Oh oui! il n'y a pas de raison pour que le soupçon tombe sur lui. Sauvez-le, mon Dieu!

Elle va écouter à la porte du corridor.

— J'entends encore son pas. Mon bien aimé! il

s'éloigne. Plus rien. C'est fini. Va en sûreté, mon Rodolfo!

La porte s'ouvre.

— Ciel!

Entrent par la grande porte Angelo et la Tisbe.

SCÈNE HUITIÈME.

CATARINA, ANGELO, LA TISBE.

CATARINA, à part.

Quelle est cette femme ? La femme de la nuit !

ANGELO.

Avez-vous fait vos réflexions, madame ?

CATARINA.

Oui, monsieur.

ANGELO.

Il faut mourir ou me livrer l'homme qui a écrit la lettre. Avez-vous pensé à me livrer cet homme, madame ?

CATARINA.

Je n'y ai pas pensé seulement un instant, monsieur.

LA TISBE, à part.

Tu es une bonne et courageuse femme, Catarina!

Angelo fait signe à la Tisbe, qui lui remet une fiole d'argent. Il la pose sur la table.

ANGELO.

Alors vous allez boire ceci?

CATARINA.

C'est du poison?

ANGELO.

Oui, madame.

CATARINA.

~~Je vous méprise.~~

ANGELO.

Madame, Urseolo Bragadini, un de vos pères, a fait périr Marcella Galbaï sa femme de la même façon pour le même crime.

CATARINA.

Parlons simplement. Tenez, il n'est pas question de Bragadini, vous êtes infâme. Ainsi vous venez froidement là, avec le poison dans les mains. Coupable? Non, je ne le suis pas. Pas comme vous le croyez du moins. Mais je ne descendrai pas à me justifier; et puis, comme vous mentez toujours, vous ne me croiriez pas. Tenez, vraiment, je vous méprise! Vous m'avez épousée pour mon argent, parce que j'étais riche, parce que ma famille a un droit sur l'eau des citernes de Venise. Vous avez dit : Cela rapporte mille ducats par an, prenons cette fille. Et quelle vie ai-je eue avec vous depuis cinq ans? dites! Vous ne m'aimez pas. Vous êtes jaloux cependant. Vous me tenez en prison. Vous, vous avez des maîtresses, cela vous est permis. Tout est permis aux hommes. Toujours dur, toujours sombre avec moi. Jamais une bonne parole. Parlant sans cesse de vos pères, des doges qui ont été de votre famille; m'humiliant dans la mienne. Si vous croyez que c'est là ce qui rend une femme heureuse! Oh! il faut avoir souffert ce que j'ai souffert, pour savoir ce que c'est que le sort des femmes! Hé bien oui, monsieur, j'ai aimé avant de vous connaître un homme que j'aime encore. Vous me tuez pour cela, si vous avez ce droit-là, il faut convenir que c'est un horrible temps que le nôtre. Ah! vous êtes bien heureux, n'est-ce pas? d'avoir une lettre, un chiffon de papier, un prétexte! Fort bien. Vous me jugez, vous me condamnez, et vous m'exécutez!

Montrant les rideaux fermés.

— Dans l'ombre. En sscret. Par le poison. Vous avez la force. — C'est lâche!

Se tournant vers la Tisbe.

— Que pensez-vous de cet homme, madame?

ANGELO.

Prenez garde!...

CATARINA, à la Tisbe.

Et vous, qui êtes vous? qu'est-ce que vous me voulez? C'est beau ce que vous faites là! Vous êtes la maîtresse publique de mon mari, vous avez intérêt à me perdre, vous m'avez fait espionner, vous m'avez pris en faute, et vous me mettez le pied sur la tête. Vous assistez mon mari dans l'abominable chose qu'il fait! Qui sait même? c'est peut-être vous qui fournissez le poison!

A Angeio.

— Que pensez-vous de cette femme, monsieur?

ANGELO.

Madame...

CATARINA.

En vérité, nous sommes tous les trois d'un bien exécrable pays! C'est une bien odieuse république que celle où un homme peut marcher impunément sur une malheureuse femme, comme vous faites, monsieur! et où les autres hommes lui disent : Tu fais bien, Foscari a fait mourir sa fille, Lodano sa femme, Bragadini... — Je vous demande un peu si ce n'est pas infâme! Oui, tout Venise est dans cette chambre en ce moment! Tout Venise en ces deux personnes! Rien n'y manque.

Montrant Angelo.

— Venise despote, la voilà.

Montrant la Tisbe.

— Venise courtisane, la voici!

A la Tisbe.

— Si je vais trop loin dans ce que je dis, madame, tant pis pour vous, pourquoi êtes-vous là!

ANGELO, lui saisissant le bras.

Allons, madame, finissons-en!

CATARINA.

Elle s'approche de la table où est le flacon.

Allons, je vais accomplir ce que vous voulez,

Elle avance la main vers le flacon.

— puisqu'il le faut...

Elle recule.

— Non! c'est affreux! je ne veux pas! je ne pourrais jamais! Mais pensez-y donc encore un peu tandis qu'il en est temps. Vous qui êtes tout-puissant, réfléchissez. Une femme, une femme qui est seule, abandonnée, qui n'a pas de force, qui est sans défense, qui n'a pas de parens ici, pas de famille, pas d'amis, qui n'a personne! l'assassiner! l'empoisonner misérablement dans un coin de sa maison! — Ma mère! Ma mère! Ma mère!

LA TISBE.

Pauvre femme!

CATARINA.

Vous avez dit pauvre femme, madame! Vous l'avez dit! Oh! je l'ai bien entendu! Oh! ne me dites pas que vous ne l'avez pas dit! Vous avez donc pitié, madame! Oh oui! laissez-vous faire! laissez-vous attendrir! Vous voyez bien qu'on veut m'assassiner? Est-ce que vous en êtes, vous? Oh! ce n'est pas possible. Non, n'est-ce pas? Tenez, je vais vous expliquer, vous conter la chose à vous. Vous parlerez au podesta après. Vous lui direz que ce qu'il fait là est horrible. Moi, c'est tout simple que je dise cela. Mais vous, cela fera plus d'effet. Il suffit quelquefois d'un mot dit par une personne étrangère pour ramener un homme à la raison. Si je vous ai offensé tout à l'heure, pardonnez-le-moi. Madame, je n'ai jamais rien fait qui fût mal, vraiment mal. Je suis toujours restée honnête. Vous me comprenez, vous, je le vois bien. Mais je ne puis dire cela à mon mari. Les hommes ne veulent jamais nous croire, vous savez? Cependant nous leur disons quelquefois des choses bien vraies. Madame! ne me dites pas d'avoir du courage, je vous en prie. Est-ce que je suis forcée d'avoir du courage, moi? Je n'ai pas honte de n'être qu'une femme bien faible et dont il faudrait avoir pitié. Je pleure parce que la mort me fait peur. Ce n'est pas ma faute.

ANGELO.

Madame, je ne puis attendre plus long-temps.

CATARINA.

Ah! vous m'interrompez.

A la Tisbe.

— Vous voyez bien qu'il m'interrompt. Ce n'est

pas juste. Il a vu que je vous disais des choses qui allaient vous émouvoir. Alors il m'empêche d'achever. Il me coupe la parole.

A Angelo.

— Vous êtes un monstre!

ANGELO.

C'en est trop. Catarina Bragadini, le crime fait veut un châtiment, la fosse ouverte veut un cercueil, le mari outragé veut une femme morte. Tu perds toutes les paroles qui sortent de ta bouche, j'en jure par Dieu qui est au ciel!

Montrant le poison.

— Voulez-vous, madame?

CATARINA.

Non!

ANGELO.

Je reviens à ma première idée alors. Les épées! les épées! Qu'on aille me chercher... J'y vais!

Il sort violemment par la porte du fond, qu'on l'entend refermer en dehors.

SCÈNE NEUVIÈME.

CATARINA, LA TISBE.

LA TISBE.

Écoutez ! Vite ! nous n'avons qu'un instant. Puisque c'est vous qu'il aime, ce n'est plus qu'à vous qu'il faut songer. Faites ce qu'on veut. Ou vous êtes perdue ! Je ne puis pas m'expliquer plus clairement. Vous n'êtes pas raisonnable. Tout-à-l'heure il m'est échappé de dire : Pauvre femme ! Vous l'avez répété tout haut comme une folle, devant le podesta, à qui cela pouvait donner des soupçons ! Si je vous disais la chose, vous êtes dans un état trop violent, vous feriez quelque imprudence, et tout serait perdu. Laissez-vous faire ! Buvez. Les épées ne pardonnent pas, voyez-vous. Ne résistez plus. Que voulez-vous que je vous dise ? C'est vous qui êtes aimée, et je veux que quelqu'un m'ait une obligation. Vous ne comprenez pas ce que je vous dis là, hé bien! de vous le dire, cela m'arrache le cœur pourtant!

CATARINA.

Madame...

LA TISBE.

Faites ce qu'on vous dit. Pas de résistance. Pas une parole. Surtout n'ébranlez pas la confiance que votre mari a en moi. Entendez-vous? Je n'ose vous en dire plus avec votre manie de tout redire! Oui, il y a dans cette chambre une pauvre femme qui doit mourir, mais ce n'est pas vous. Est-ce dit?

CATARINA.

Je ferai ce que vous voulez, madame.

LA TISBE.

Bien. Je l'entends qui revient!

La Tisbe se jette sur la porte du fond au moment où elle s'ouvre.

— Seul! Seul! Entrez seul!

On entrevoit des sbires l'épée nue dans la chambre voisine. Angelo entre. La porte se referme.

SCÈNE DIXIÈME.

CATARINA, LA TISBE, ANGELO.

LA TISBE.

Elle se résigne au poison.

ANGELO, à Catarina.

Alors, tout de suite, madame.

CATARINA, prenant la fiole.

A la Tisbe.

Je sais que vous êtes la maîtresse de mon mari. Si votre pensée secrète était une pensée de trahison, le besoin de me perdre, l'ambition de prendre ma place que vous auriez tort d'envier, ce serait une action abominable, madame; et, quoiqu'il soit dur de mourir à vingt-deux ans, j'aimerais encore mieux ce que je fais que ce que vous faites.

Elle boit.

LA TISBE, à part.

Que de paroles inutiles, mon Dieu!

ANGELO, allant à la porte du fond qu'il entr'ouvre.

Allez-vous en!

CATARINA.

Ah! ce breuvage me glace le sang!

Regardant fixement la Tisbe.

— Ah! madame!

A Angelo.

— Êtes-vous content, monsieur? Je sens bien que je vais mourir. Je ne vous crains plus. Eh bien, je vous le dis maintenant, à vous qui êtes mon démon, comme je le disais tout-à-l'heure à mon Dieu, j'ai aimé un homme, mais je suis pure!

ANGELO.

Je ne vous crois pas, madame.

LA TISBE, à part.

Je la crois, moi!

CATARINA.

Je me sens défaillir... Non. Pas ce fauteuil-là. Ne me touchez point. Je vous l'ai déjà dit, vous êtes un homme infâme!

Elle se dirige en chancelant vers son oratoire.

— Je veux mourir à genoux. Devant l'autel qui est là. Mourir seule. En repos. Sans avoir vos deux regards sur moi.

Arrivée à la porte, elle s'appuie sur le rebord.

— Je veux mourir en priant Dieu.

A Angelo.

— Pour vous, monsieur.

Elle entre dans l'oratoire.

ANGELO.

Troïlo!

Entre l'huissier.

— Prends dans mon aumonière la clef de ma salle secrète. Dans cette salle, tu trouveras deux hommes. Amène-les-moi sans leur dire un mot.

L'huissier sort.

A la Tisbe.

— Il faut maintenant que j'aille interroger les

hommes arrêtés. Quand j'aurai parlé aux deux guetteurs de nuit, Tisbe, je vous confierai le soin de veiller sur ce qui reste à faire. Le secret, surtout!

Entrent ~~Orfeo et Gaboardo~~, introduits par l'huissier, qui se retire.

+ les deux guetteurs de nuit

SCÈNE ONZIÈME.

ANGELO, LA TISBE, ~~ORFEO, GAFFARDO.~~

ANGELO, aux deux guetteurs de nuit.

Vous avez été souvent employés aux exécutions de nuit dans ce palais. Vous connaissez la cave où sont les tombes?

~~GAFFARDO.~~

Oui, monseigneur.

ANGELO.

Y a-t-il des passages tellement cachés qu'aujourd'hui, par exemple, que ce palais est plein de soldats, vous puissiez descendre dans ce caveau, y entrer et puis sortir du palais sans être vus de personne?

ORFEO.

Nous entrerons et nous sortirons sans être vus de personne, monseigneur.

ANGELO.

C'est bien.

Il ouvre l'oratoire et disparaît un instant.

Aux deux guetteurs.

— Il y a là une femme qui est morte. Vous allez descendre cette femme secrètement dans le caveau. Vous trouverez dans ce caveau une dalle ou pavé qu'on a déplacé et une fosse qu'on a creusée. Vous mettrez la femme dans la fosse et puis la dalle à sa place. Vous entendez ?

GABOARDO.

Oui, monseigneur.

ANGELO.

Vous êtes forcés de passer par mon appartement. Je vais en faire sortir tout le monde.

A la Tisbe.

— Veillez à ce que tout se passe en secret.

Il sort.

LA TISBE, tirant une bourse de son aumônière.

Aux deux hommes.

Deux cents sequins d'or dans cette bourse pour vous, et demain matin le double, si vous faites bien tout ce que je vais vous dire.

CABOARDO, prenant la bourse.

Marché conclu, madame. Où faut-il aller ?

LA TISBE.

Au caveau d'abord.

www.ingramcontent.com/pod-product-compliance
Lightning Source LLC
LaVergne TN
LVHW010011230826
846092LV00002B/765
* 9 7 8 2 3 2 9 6 5 9 9 6 1 *